# Billar de carambola: Algunas acertijos y rompecabezas

Problemas y situaciones que mejorarán su análisis táctico y habilidades de juego

Allan P. Sand
PBIA Instructor Certificado de Billar

ISBN 978-1-62505-348-0
PRINT 7x10

ISBN 978-1-62505-512-5
PRINT 7.5x9.25

First edition

Copyright © 2019  Allan P. Sand

All rights reserved under International and Pan-American Copyright Conventions.

Published by Billiard Gods Productions.
Santa Clara, CA 95051
U.S.A.

For the latest information about books and videos, go to:
http://www.billiardgods.com

## Acknowledgements

Wei Chao created the software that was used to create these graphics.

I want to specifically thank the following for help in making this book work:
Raye Raskin
Bob Beaulieu
Darrell Paul Martineau

## Tabla de contenido

**INTRODUCCIÓN** .................................................................................................... 1
Configuración de la tabla ........................................................................................ 1
Explicación de bolas de billar carom ...................................................................... 2
Opciones de tabla ................................................................................................... 2
Como estudiar ......................................................................................................... 2
Desafíos para la diversión y el beneficio ................................................................ 2
**OPCIONES DE EJEMPLO** .................................................................................... 3
*Grupo 1, conjunto 1 (diagrama 1)* ...................................................................... 3
*Grupo 6, conjunto 1 (diagrama 3)* ...................................................................... 4
**GRUPO 1** ............................................................................................................... 5
Grupo 1, conjunto 1 ................................................................................................ 5
Grupo 1, conjunto 2 ................................................................................................ 7
Grupo 1, conjunto 3 ................................................................................................ 9
Grupo 1, conjunto 4 .............................................................................................. 11
Grupo 1, conjunto 5 .............................................................................................. 13
Grupo 1, conjunto 6 .............................................................................................. 15
Grupo 1, conjunto 7 .............................................................................................. 17
Grupo 1, conjunto 8 .............................................................................................. 19
Grupo 1, conjunto 9 .............................................................................................. 21
Grupo 1, conjunto 10 ............................................................................................ 23
Grupo 1, conjunto 11 ............................................................................................ 25
**GRUPO 2** ............................................................................................................. 27
Grupo 2, conjunto 1 .............................................................................................. 27
Grupo 2, conjunto 2 .............................................................................................. 29
Grupo 2, conjunto 3 .............................................................................................. 31
Grupo 2, conjunto 4 .............................................................................................. 33
Grupo 2, conjunto 5 .............................................................................................. 35
Grupo 2, conjunto 6 .............................................................................................. 37
Grupo 2, conjunto 7 .............................................................................................. 39
Grupo 2, conjunto 8 .............................................................................................. 41
Grupo 2, conjunto 9 .............................................................................................. 43
Grupo 2, conjunto 10 ............................................................................................ 45
Grupo 2, conjunto 11 ............................................................................................ 47
**GRUPO 3** ............................................................................................................. 49
Grupo 3, conjunto 1 .............................................................................................. 49
Grupo 3, conjunto 2 .............................................................................................. 51
Grupo 3, conjunto 3 .............................................................................................. 53
Grupo 3, conjunto 4 .............................................................................................. 55
Grupo 3, conjunto 5 .............................................................................................. 57
Grupo 3, conjunto 6 .............................................................................................. 59
Grupo 3, conjunto 7 .............................................................................................. 61
Grupo 3, conjunto 8 .............................................................................................. 63
Grupo 3, conjunto 9 .............................................................................................. 65
Grupo 3, conjunto 10 ............................................................................................ 67
Grupo 3, conjunto 11 ............................................................................................ 69

**GRUPO 4** .................................................................................................. **71**
Grupo 4, conjunto 1 ................................................................................ 71
Grupo 4, conjunto 2 ................................................................................ 73
Grupo 4, conjunto 3 ................................................................................ 75
Grupo 4, conjunto 4 ................................................................................ 77
Grupo 4, conjunto 5 ................................................................................ 79
Grupo 4, conjunto 6 ................................................................................ 81
Grupo 4, conjunto 7 ................................................................................ 83
Grupo 4, conjunto 8 ................................................................................ 85
Grupo 4, conjunto 9 ................................................................................ 87
Grupo 4, conjunto 10 .............................................................................. 89
Grupo 4, conjunto 11 .............................................................................. 91
**GRUPO 5** .................................................................................................. **93**
Grupo 5, conjunto 1 ................................................................................ 93
Grupo 5, conjunto 2 ................................................................................ 95
Grupo 5, conjunto 3 ................................................................................ 97
Grupo 5, conjunto 4 ................................................................................ 99
Grupo 5, conjunto 5 .............................................................................. 101
Grupo 5, conjunto 6 .............................................................................. 103
Grupo 5, conjunto 7 .............................................................................. 105
Grupo 5, conjunto 8 .............................................................................. 107
Grupo 5, conjunto 9 .............................................................................. 109
Grupo 5, conjunto 10 ............................................................................ 111
Grupo 5, conjunto 11 ............................................................................ 113
**GRUPO 6** ................................................................................................ **115**
Grupo 6, conjunto 1 .............................................................................. 115
Grupo 6, conjunto 2 .............................................................................. 117
Grupo 6, conjunto 3 .............................................................................. 119
Grupo 6, conjunto 4 .............................................................................. 121
Grupo 6, conjunto 5 .............................................................................. 123
Grupo 6, conjunto 6 .............................................................................. 125
Grupo 6, conjunto 7 .............................................................................. 127
Grupo 6, conjunto 8 .............................................................................. 129
Grupo 6, conjunto 9 .............................................................................. 131
Grupo 6, conjunto 10 ............................................................................ 133
Grupo 6, conjunto 11 ............................................................................ 135
**BLANK TABLES** ..................................................................................... **137**

# Introducción

Tienes más oportunidades para ampliar tus habilidades. Aprende a manejar una amplia variedad de posiciones de balón que aparecen en juego tras juego. Estos diseños le ofrecen la oportunidad de realizar una extensa experimentación. Estas situaciones de pruebas personales proporcionan importantes beneficios competitivos personales:

- Entrenamiento intelectual: evalúe los diseños y considere cuántas opciones están disponibles. Haz bocetos de caminos y (CB) velocidades y giros para la mesa de práctica. Esto aumenta tus habilidades analíticas y tácticas.

- Confirmación de habilidades: al intentar cada concepto, su experimentación ayuda a determinar si es viable (dentro de sus habilidades) o inútil (demasiado difícil o fantástico). Esta comparación entre imágenes mentales e intentos físicos ayuda a determinar el ancho y la amplitud de tus habilidades.

- Avance de habilidades: si un camino parece prometedor, pero la ejecución falla, trabaja con varias velocidades / giros para descubrir qué funciona. Varios éxitos consecutivos agregarán esto a su biblioteca personal de competencias.

Practica esto con cualquier juego de billar carambola.

## Configuración de la tabla

Los anillos de refuerzo de papel muestran las ubicaciones de cada bola. Colócalos de acuerdo con el ejercicio de entrenamiento que quieras practicar.

## Explicación de bolas de billar carom

Ⓐ (CB1) (primera bola de billar)

⊙ (CB2) (segunda bola de billar)

● (RB) (bola de billar roja)

## Opciones de tabla

Cada diseño de tabla proporciona cuatro (4) formas diferentes de obtener puntos.

- CB1 > RB > CB2
- CB1 > CB2 > RB
- CB2 > RB > CB1
- CB2 > CB1 > RB

## Como estudiar

Comenzar con el análisis del sillón. Mira el diseño de cada mesa y considera posibles opciones de juego. Imagina probar tus ideas. Evalúa la velocidad y el giro apropiados. Hacer bocetos y notas, según sea necesario.

Alternativamente, lleve este libro a su mesa de billar. Ponga los anillos de refuerzo de papel en posición. Determine mentalmente de cuántas maneras diferentes puede jugar el diseño. Luego, prueba tus ideas y ve si tu imaginación es igual a tu habilidad. Toma nota de tus ideas.

En la mesa de billar, aplica tus ideas. En un disparo fallido, realice ajustes a sus velocidades / giros y ángulos. Así es como te conviertes en un jugador de billar más duro y más peligroso.

## Desafíos para la diversión y el beneficio

Considera establecer una competencia amistosa entre tus amigos. Selecciona varios de estos diseños y disfruta del desafío.

Utilice un formato de round-robin. Todos intentan (1, 2 o 3) intentos. El ganador obtiene el dinero, y comienza otra ronda.

# Opciones de ejemplo

## Grupo 1, conjunto 1 (diagrama 1)

¿Puede tu fantasía coincidir con tu realidad?

Dado el diseño, tiene 4 opciones de práctica posibles con las que puede experimentar e intentar varias soluciones.

# Grupo 6, conjunto 1 (diagrama 3)

Cada diagrama es una oportunidad para experimentar y probar tu imaginación Y tus habilidades de disparo.

Dado el diseño, tiene 4 opciones de práctica posibles con las que puede experimentar e intentar varias soluciones.

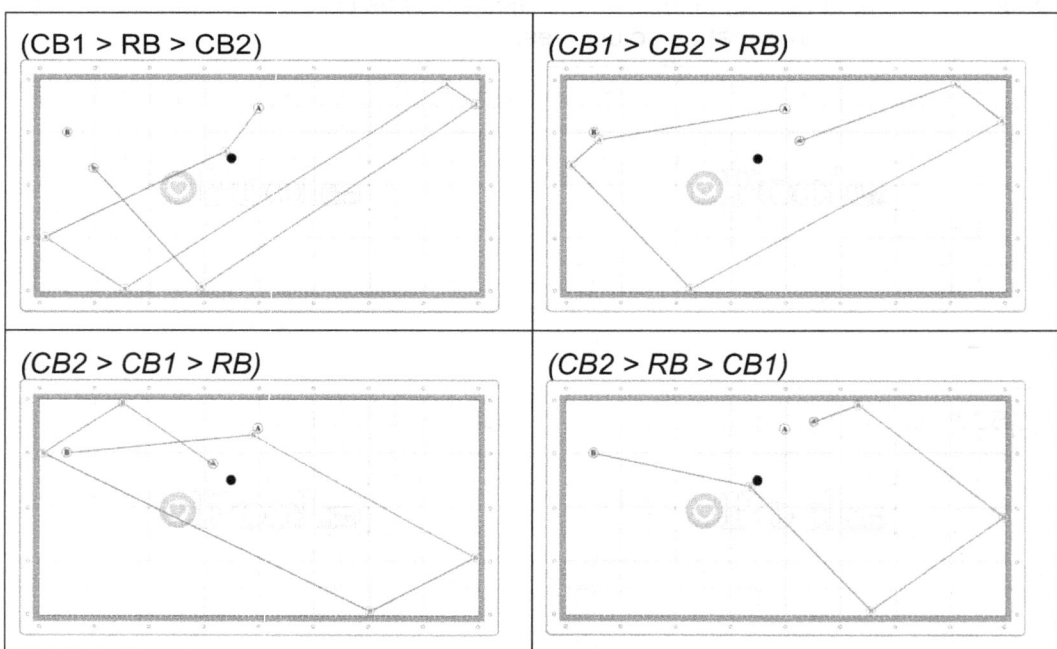

# GRUPO 1
## Grupo 1, conjunto 1
*(Al frente de este libro, hay 4 soluciones de muestra de este diseño).*

APUNTE:

APUNTE:

# Grupo 1, conjunto 2

APUNTE:

APUNTE:

# Grupo 1, conjunto 3

APUNTE:

*Billar de carambola: Algunas acertijos y rompecabezas*

APUNTE:

# Grupo 1, conjunto 4

APUNTE:

APUNTE:

# Grupo 1, conjunto 5

APUNTE:

APUNTE:

# Grupo 1, conjunto 6

APUNTE:

APUNTE:

# Grupo 1, conjunto 7

APUNTE:

APUNTE:

# Grupo 1, conjunto 8

APUNTE:

APUNTE:

# Grupo 1, conjunto 9

APUNTE:

*Billar de carambola: Algunas acertijos y rompecabezas*

APUNTE:

# Grupo 1, conjunto 10

APUNTE:

APUNTE:

# Grupo 1, conjunto 11

APUNTE:

APUNTE:

# GRUPO 2

## Grupo 2, conjunto 1

APUNTE:

*Billar de carambola: Algunas acertijos y rompecabezas*

APUNTE:

# Grupo 2, conjunto 2

APUNTE:

APUNTE:

# Grupo 2, conjunto 3

APUNTE:

APUNTE:

# Grupo 2, conjunto 4

APUNTE:

APUNTE:

# Grupo 2, conjunto 5

APUNTE:

APUNTE:

# Grupo 2, conjunto 6

APUNTE:

APUNTE:

# Grupo 2, conjunto 7

APUNTE:

APUNTE:

# Grupo 2, conjunto 8

APUNTE:

APUNTE:

# Grupo 2, conjunto 9

APUNTE:

APUNTE:

# Grupo 2, conjunto 10

APUNTE:

APUNTE:

# Grupo 2, conjunto 11

APUNTE:

APUNTE:

# GRUPO 3
## Grupo 3, conjunto 1

APUNTE:

APUNTE:

# Grupo 3, conjunto 2

APUNTE:

APUNTE:

# Grupo 3, conjunto 3

APUNTE:

*Billar de carambola: Algunas acertijos y rompecabezas*

APUNTE:

# Grupo 3, conjunto 4

APUNTE:

APUNTE:

# Grupo 3, conjunto 5

APUNTE:

APUNTE:

# Grupo 3, conjunto 6

APUNTE:

APUNTE:

# Grupo 3, conjunto 7

APUNTE:

APUNTE:

# Grupo 3, conjunto 8

APUNTE:

APUNTE:

# Grupo 3, conjunto 9

APUNTE:

APUNTE:

# Grupo 3, conjunto 10

APUNTE:

APUNTE:

# Grupo 3, conjunto 11

APUNTE:

APUNTE:

# GRUPO 4

## Grupo 4, conjunto 1

APUNTE:

APUNTE:

# Grupo 4, conjunto 2

APUNTE:

APUNTE:

# Grupo 4, conjunto 3

APUNTE:

APUNTE:

# Grupo 4, conjunto 4

APUNTE:

APUNTE:

# Grupo 4, conjunto 5

APUNTE:

APUNTE:

# Grupo 4, conjunto 6

APUNTE:

APUNTE:

# Grupo 4, conjunto 7

APUNTE:

APUNTE:

# Grupo 4, conjunto 8

APUNTE:

*Billar de carambola: Algunas acertijos y rompecabezas*

APUNTE:

# Grupo 4, conjunto 9

APUNTE:

APUNTE:

# Grupo 4, conjunto 10

APUNTE:

APUNTE:

# Grupo 4, conjunto 11

APUNTE:

APUNTE:

# GRUPO 5
## Grupo 5, conjunto 1

APUNTE:

APUNTE:

# Grupo 5, conjunto 2

APUNTE:

APUNTE:

# Grupo 5, conjunto 3

APUNTE:

APUNTE:

# Grupo 5, conjunto 4

APUNTE:

APUNTE:

# Grupo 5, conjunto 5

APUNTE:

APUNTE:

# Grupo 5, conjunto 6

APUNTE:

APUNTE:

# Grupo 5, conjunto 7

APUNTE:

APUNTE:

# Grupo 5, conjunto 8

APUNTE:

APUNTE:

# Grupo 5, conjunto 9

APUNTE:

APUNTE:

# Grupo 5, conjunto 10

APUNTE:

APUNTE:

# Grupo 5, conjunto 11

APUNTE:

APUNTE:

# GRUPO 6
## Grupo 6, conjunto 1

APUNTE:

*(Al frente de este libro, hay 4 soluciones de muestra de este diseño).*

APUNTE:

# Grupo 6, conjunto 2

APUNTE:

APUNTE:

# Grupo 6, conjunto 3

APUNTE:

APUNTE:

# Grupo 6, conjunto 4

APUNTE:

APUNTE:

# Grupo 6, conjunto 5

APUNTE:

APUNTE:

# Grupo 6, conjunto 6

APUNTE:

*Billar de carambola: Algunas acertijos y rompecabezas*

APUNTE:

# Grupo 6, conjunto 7

APUNTE:

APUNTE:

# Grupo 6, conjunto 8

APUNTE:

*Billar de carambola: Algunas acertijos y rompecabezas*

APUNTE:

# Grupo 6, conjunto 9

APUNTE:

APUNTE:

# Grupo 6, conjunto 10

APUNTE:

APUNTE:

# Grupo 6, conjunto 11

APUNTE:

APUNTE:

# Blank Tables

*(Imprima estos para capturar y practicar diseños interesantes).*

*(Imprima estos para capturar y practicar diseños interesantes).*

www.ingramcontent.com/pod-product-compliance
Lightning Source LLC
Chambersburg PA
CBHW081922170426
43200CB00014B/2804